儿童时间

如何培养孩子的时间管理力

管理训练

朱秀婷 —— 编著

民主与建设出版社
·北京·

© 民主与建设出版社，2022

图书在版编目（CIP）数据

儿童时间管理训练：如何培养孩子的时间管理力 /
朱秀婷编著. — 北京：民主与建设出版社，2022.3（2024.3重印）

ISBN 978-7-5139-3786-3

Ⅰ．①儿… Ⅱ．①朱… Ⅲ．①时间—管理—儿童读物
Ⅳ．①C935-49

中国版本图书馆CIP数据核字（2022）第046504号

儿童时间管理训练：如何培养孩子的时间管理力
ERTONG SHIJIAN GUANLI XUNLIAN RUHE PEIYANG HAIZI DE SHIJIAN GUANLILI

编　　著	朱秀婷	
责任编辑	刘树民	
封面设计	松　雪	
出版发行	民主与建设出版社有限责任公司	
电　　话	（010）59417747　59419778	
社　　址	北京市海淀区西三环中路10号望海楼E座7层	
邮　　编	100142	
印　　刷	三河市宏顺兴印刷有限公司	
版　　次	2022年3月第1版	
印　　次	2024年3月第2次印刷	
开　　本	880mm×1270mm　1/32	
印　　张	5	
字　　数	136千字	
书　　号	ISBN 978-7-5139-3786-3	
定　　价	36.00元	

注：如有印、装质量问题，请与出版社联系。

写给孩子们

如果说，世界上最公平的东西是什么？那一定是时间。每一个人的一天都是 24 小时，它从来不会因为人的身份不同而有任何差别。同时，时间对我们每一个人又是不公平的。谁善于抓住时间，时间就会给谁丰厚的馈赠；谁浪费时间，时间就会从谁的身边悄悄溜走，什么也不留下。

然而在日常生活中，我们不少同学还没有认识到时间的重要性，认为时间无穷无尽，每天想玩就玩，结果在不知不觉中，大把的时间悄悄溜走了，没有学到多少知识与本领，与别的同学逐渐拉开了差距。《明日歌》说得好："明日复明日，明日何其多。我生待明日，万事成蹉跎。"时间如流水，一去不复回。因此我们不能虚度大好年华，要抓住每一寸光阴，规划好自己的时间，使每一天都有收获。

我们需要重视时间，管理好自己的时间。可是，我们应该怎样管理时间呢？有好方法吗？有的。本书从如何订计划、制作作息时间表开始，一步步告诉我们，如何规划自己的时间，如何充分利用时间，如何发挥时间的最大效益，如何减少时间浪费，从不同的角度介绍了时间管理的方法，使我们通过系统训练，逐步掌握时间管理的方法，提升自己的时间管理能力。书中的每一个单元都包括一个学习或生活场景、点评及"成长中的烦恼""我会这样想""时间管理能力训练""成长问答""小贴士"几部分，系统地帮助我们学会时间管理。

本书图文并茂，采用新颖的版面设计。每一个小板块都很有意思，内容精练，并配有根据内容绘制的精美插图。书中每一幅插图都是画家根据脚本绘制而成，非常珍贵。可爱的卡通人物形象，会让大家忍俊不禁，仿佛就是自己和周围人的日常形象，好玩、有趣。这是专门献给大家的一份成长礼物，相信大家拿到这本书会很喜欢。

我们都是被上天祝福过的孩子，都是肩负着使命来到这个世界上的，我们每一个人都拥有自己的天赋。只要我们不白白消耗自己的时间，通过学习不断提升自己，终有一天，我们都可以拥有改变世界的本领。

加油，孩子们，你们是要改变世界的一代，抓住时间女神的衣角，与时间一同创造奇迹吧。祝福你们！你们会非常优秀！

2021 年 10 月

目录 [CONTENTS]

第五篇　减少时间浪费有方法

第六篇 会管理时间的孩子更优秀

第一篇

做好时间规划

正像建造大楼需要先有图纸，打仗需要先有战略部署一样，对学习时间的管理也必须先进行规划。按照规划管理时间，时间才能产生更多价值。

1 我的时间我做主

　　我一直是由妈妈帮助我管理课外时间。每天早上，妈妈负责叫早、接送我上学，下午督促我写作业，晚上督促我睡觉。我只需按照妈妈的安排学习和生活就行了，很省心，不用操心时间的事儿。不足之处是不自由，我不想学习的时候，妈妈还一直催促。我是不是应该自己掌握自己的时间呢？

　　是的。被家人管理着课外时间，虽然不用自己操心，但是比较被动，没有发挥出自己的主动性。最好的办法就是自己来管理时间。每天自己定闹钟，按点起床、吃饭、上学、做作业、睡觉。这样可以根据自己的实际情况来分配时间，该休息就休息，该学习就学习，把时间掌握在自己手里。

大家有没有意识到，当我们磨磨蹭蹭的时候，时间正悄悄地从我们身边溜走，一点儿也不会停下来等待我们？浪费了的时间，再也不会回来了。

我会这样想

1 我放松一会儿就开始做作业。早点儿做完早轻松。

2 我自己的学习自己安排，每天主动安排好学习时间，不用妈妈催。

3 每天的第一任务是学习，所以，一定把作业完成了再玩。

1 制订自己的作息时间表

根据自己每天的学习情况制订出作息时间表，哪个时间段干什么事，都在时间表里标记出来。这样，学习起来就能做到心中有数。

2 利用闹钟提醒自己

闹钟是我们的好朋友，可以忠实地提醒我们时间。所以，我们要拥有一个自己的闹钟，用闹钟管理自己的时间。

3 做事情之前先排序

每天放学后，先对要做的事情排排序。哪些是最重要必须做的，哪些是不重要可以放放的，根据事情的轻重缓急，排出顺序。

4 在规定的时间里完成任务

事情分出先后顺序以后，就要优先做最重要的事情，专心致志，提升效率，保证在规定的时间里完成学习任务。

成长问答 >> 为什么要珍惜时间？

　　古今中外，有很多关于珍惜时间的名人名言。像明代钱福写有《明日歌》："明日复明日，明日何其多。我生待明日，万事成蹉跎。"《增广贤文》提出："一寸光阴一寸金，寸金难买寸光阴。"前人用经历告诉我们，时间像流水一样，一去不复返。因此，我们要抓住自己的宝贵时间好好学习，让时间变成自己的财富。唐代大书法家颜真卿鼓励我们"三更灯火五更鸡，正是男儿读书时"。规划好我们的时间，好好学习吧，让每一天都有收获。

小贴士 TIPS

《明日歌》

明日复明日，明日何其多。

我生待明日，万事成蹉跎。

世人若被明日累，春去秋来老将至。

朝看水东流，暮看日西坠。

百年明日能几何？请君听我明日歌。

明日复明日，明日何其多！

日日待明日，万事成蹉跎。

世人皆被明日累，明日无穷老将至。

晨昏滚滚水东流，今古悠悠日西坠。

百年明日能几何？请君听我明日歌。

2 制订一份切实可行的学习计划

我在小学四年级之前，没有学习计划，升入五年级以后，开始制订学习计划。我把制订好的各学科计划贴在墙上，每天按照计划学习，时间利用好了，学习效率也提高了。要是早几年有学习计划就好了，成绩肯定比现在好。

"凡事预则立，不预则废。"没有学习计划，就会脚踩西瓜皮——滑到哪里是哪里，浪费很多学习时间，耽误学习。如果我们每一个人都制订出切实可行的学习计划，安排好自己的学习时间，就可以提高学习效率，让自己学到更多的知识和本领，成为优秀的孩子。

成长中的烦恼

我没有自己的学习计划。

我的计划订得不好，很难执行。

我有学习计划，但是没有按照计划执行。

我们每一个人都需要一份符合自己实际的学习计划。没有计划，就会虚耗时间；有了计划，就要认真执行，否则会成为一纸空文。

我会这样想

① 我要认真制订一份学习计划，使我每一天都能有计划地学习，过得更有意义。

② 我要与爸妈商量着制订学习计划，让他给我多提建议，使计划切实可行。

③ 计划制订好以后，我要每天按照计划安排学习，使计划真正起到作用。

① 先确定每天放学后做哪些事

如果既有作业，又有兴趣班，就要都计划在内。兴趣班的数量要根据自己的课余时间和精力来安排，以每天做完作业还有剩余时间上兴趣班为原则。

② 根据要做的事情合理分配时间

根据要做的事情和自己的时间，制订详细的学习计划，合理分配时间。每天都要优先做重要的事情，这样利用时间才会产生更多价值。

③ 计划要切实可行

当计划制订出来以后，可以根据执行情况进行调整，使计划更适合自己，这样可以保证学习效果。

④ 预留出机动时间

为了保证计划顺利执行，计划不要订得太满，要留出适当的机动时间，以应对突发情况出现。

成长问答 >> 为什么要制定学习计划?

谁能利用好自己的时间，谁就能取得优异的成绩。有一些同学不爱订计划，或者有计划不执行，每天把大量课后时间用于玩游戏，白白消耗掉了，非常可惜。本来是个天资聪颖的孩子，但是因为浪费了很多时间，耽误了自己的学业，导致成绩不好，这是很令人遗憾的事情。

为了避免出现这种情况，我们每一个人都需要制订一份切实可行的学习计划，以减少时间浪费，提升学习效率。罗伯特·梅杰说过："如果一个人没有明确的计划，很可能走到不想去的地方去。"计划让我们把精力用在明确的学习目标上，使我们每一天都收获满满，过得充实而有意义。

计划一定要认真执行

一份切实可行的计划，一定要列清楚每天需完成哪些任务，越具体越好。

计划订出来之后，要贴在明显处，每天对照执行。如果学习情况发生变化，就要及时调整计划，以便计划切实可行。

在执行计划时，要把握两点：一是自己要按照计划学习，今日事今日毕；二是要认真学习，保证学习质量。这样，计划才能真正对自己的学习起到作用。

3 长计划与短计划相结合

　　我爸爸总说让我制订一份长期学习计划和短期学习计划。可是我一想到计划就头疼。怎么计划呀？我哪里知道如何来订计划，想着就觉得很复杂。反正现在每天跟着老师的指挥棒走，让做什么作业就做什么作业，做完就没事了，剩下的时间想干什么就干什么，多舒服。

　　有些同学虽然没有制订具体的学习计划，但是长期以来养成了良好的学习习惯，也相当于有了自己的学习计划。有些同学学习习惯不好，每天放学后不知道该干什么，大把时间都浪费了，就很有必要制订自己的学习计划，把自己的时间安排好。这个计划可以包括长期计划和短期计划。长期计划以一年或者半年为周期，力图实现一个目标，比如消灭自己的弱科。短期计划以一周为期，对一周的学习做出安排。

长期计划是什么计划呀？

短期计划又是什么计划？

哎呀，临时计划是干什么的计划？

长期计划是实现一个长期的学习目标，只确定大方向，不用订具体计划；短期计划是决定每周要做哪些事，要具体详细，易于执行。

我会这样想

长期计划就是绘制一份长期的学习蓝图，使自己学习有目标性和方向性。

短期计划就是订好每天每个时间段要干哪些事情，对时间进行合理分配。

临时计划就是根据临时需要，进行时间安排，机动灵活。

① 制订一份长期学习计划

　　确定自己哪一科是弱项，然后制订一个消灭这个弱项的学习计划。比如制订一个一年计划或者一学期计划，通过每天的补习来消灭这个弱项。

② 制订一份短期学习计划

　　了解哪些知识点是自己的薄弱环节，围绕这些知识点制订一份短期学习计划。通过一周或者几天的学习，掌握这些知识点。

③ 制订详尽的课外计划表

　　针对每天的学习任务，放学后每个时间段学什么、做哪些作业，制订一个计划，按照计划去学习，就会很有条理。

④ 合理安排时间

　　根据自己的学习情况，把放学后的时间进行合理分配，安排好学习、娱乐、运动时间，学习时集中精力学，放松时痛快地玩，劳逸结合才有利于我们的快乐成长。

成长问答 >> 如何做到长计划和短计划相结合?

长期计划应以一学年或者一学期为限,不必太详细,只制订一个大纲就行。短期计划应该以一月或者一周为期限,尽量订得详细具体,量化成每个时间段做什么事,完成多少任务。比如课外计划表。

长期计划可以作为自己的努力方向和目标,让自己知道往哪里努力,比如用半年时间消灭自己的弱项;短期计划集中于一小段时间内学习某些知识点。把长期计划和短期计划结合起来,就可以安排好自己的学习了。

一位学霸的学习计划表

我一共有三份学习计划表。分别是:学校课程表、自己的长期计划表和课外计划表。课程表每个人都有;长期计划表就是一份发展自己特长的计划表,我计划用五年时间钢琴通过十级;课外计划表就是我在家里的学习计划表。这三份计划表相互补充,帮助我管理学习时间。

我在制订计划时,主要考虑两个方面:一是自己的课外计划要与学校的课程表相匹配;二是把重要的事情和次要的事情分成两组,先做重要事情,再做次要事情。这样我的计划就不会冲突了。

4 制定自己的作息时间表

　　我为自己制定了一份作息时间表，把早上上学之前和下午放学之后的时间都做了安排。早上 6 点半起床洗漱，吃早饭，收拾书包，7 点 40 分到校。下午放学后，我先安排半个小时的运动，然后做 1 个小时作业。6 点半吃晚饭，玩耍半个小时，7 点半开始学习、做作业、阅读，9 点 40 洗漱睡觉。每天按照计划作息，我感到特别充实。

　　制定一份合理的作息时间表有很多好处：一是可以帮助自己建立起时间观念，改掉磨蹭、拖拉、浪费时间的坏习惯；二是帮助自己养成良好的作息规律；三是帮助自己学会自我管理，每天有秩序地做事情；四是锻炼自己在规定的时间内完成学习任务，提升学习效率。

我一直没有自己的作息时间表。

我妈妈就是我的作息时间表，按点提醒我。

我不要用作息时间表限制自己，那不自由。

作息时间表能使我们树立起时间观念，养成良好的作息规律，既能安排出时间玩，又能有时间学习，每一天都能合理利用好时间。

我会这样想

1

我知道学霸都很善于管理自己的时间，我要向学霸学习，为自己制定一份作息时间表。

2

我不能一直让妈妈替我管理时间，那样太被动了，我应该自己来管理时间。

3

没有计划的日子容易得过且过，虚度光阴，我不能再这样下去了。

早上留出充裕的时间

　　根据自己梳洗、收拾房间、吃早饭、上学路上需要的时间，确定早晨起床时间。争取 7 点 40 分到校，提前预习功课，为上课做好准备。

② 合理分配放学后的时间

　　放学后的时间安排要做好计划，根据自己的做事效率安排运动、做作业、吃饭、娱乐、阅读时间，使自己的时间能得到合理利用，做到劳逸结合。

③ 要结合自己的生物钟安排学习

　　在精力旺盛的时候安排学习难的内容，这样思维敏捷，学习效果好。在疲倦的时候安排学习自己擅长的内容，这样可以调动自己学习的积极性。

④ 保证充足的睡眠

　　每天晚上需要 8~9 个小时的睡眠时间，这样才能保证大脑得到充分休息，第二天精力充沛。所以，要保证每天晚上 10 点之前睡觉。

成长问答 >> 有了作息时间表后怎么办？

每个人的情况都会有所差异，应根据自己的生物钟和作业量，制订出合理的作息时间表。作息时间表制订出来以后，就要督促自己认真执行。如果没有执行，就自罚一次；执行得好，就自我奖励一次。

把作息时间表抄写几份，家里餐厅、课桌前和床边都可以张贴一份，让自己随时可以看到，提醒自己。也让爸爸妈妈监督自己，每天按时完成各项作业，做一个行动派。

小贴士
TIPS

制定一份自己的作息时间表

作息时间表					
时间	内容	时间	内容	时间	内容
6：30		12：00		18：00	
7：00		13：00		19：00	
8：00		14：00		20：00	
9：00		15：00		21：30	
10：00		16：00			
11：00		17：00			

5 根据需要报兴趣班

我们班很多同学都上兴趣班。大家私底下相互比较，看谁上的兴趣班多。我觉得不应该比谁的兴趣班多，无论是学钢琴、画画、游泳、围棋、编程中的哪一个，都需要投入很多时间和精力，班报得多，真不一定能学得好。能精选出适合自己的两三个兴趣班，长期坚持学下去，就很了不起了，没有必要比谁的兴趣班多。

说得对。报多少兴趣班，不用跟风，要结合自己的爱好和时间精力来定。报得多，没有时间学，或者学了不喜欢，都容易半途而废。根据自己的兴趣和需要，报两个或者三个就够了，太多的话，真没有那么多时间学，即使学了，也不容易学精学深。

我同桌报了七个兴趣班，我也想多报几个。

我要报很多兴趣班，让别的同学羡慕我。

我周末两天要上各种兴趣班。

报多少兴趣班，要结合自己的实际需要，不用跟风。适合自己的，才是最好的。报兴趣班之前要进行评估，优选出适合自己的兴趣班。

我会这样想

不用上那么多吧，我上三个兴趣班就足够了，还要留出时间阅读呢。

1

兴趣班不是越多越好，我只要把钢琴、绘画、篮球三项技能学好就非常不错了。

2

我平时练琴，周六上午上钢琴班，下午画画，然后上篮球班，周日做作业。

3

根据自己的特点选择兴趣班

报兴趣班不要跟风，要根据自己的兴趣爱好和性格特点来选择。例如，自己观察力敏锐，色彩感很强，性格安静，可以报绘画班。

② **结合自己的发展方向报兴趣班**

兴趣班不能完全凭兴趣来报，一定要提前规划好。如果自己未来想制作动画片，可以报编程班；如果学习小提琴，可以报小提琴班。

③ **兴趣班不宜太多**

人的精力是有限的，兴趣班太多会造成精力分散，一个都学不精。要根据学校的作业量和自己的空余时间，来确定报几个兴趣班。

④ **兴趣班尽量放在周末**

平时每天都有很多作业，如果放学后要赶着上兴趣班，势必会减少自己做作业和休息的时间，打乱生活节奏。所以，应将兴趣班尽量安排在周末。

成长问答 >> 兴趣班报多少合适？

　　有些同学看到周围同学报了很多兴趣班，自己也随大溜儿报了很多。这样一来，可把自己给忙坏了。每天放学后在各个兴趣班之间穿梭，不仅挤占做作业时间，还影响到学校的学业。调查结果显示，有些同学的兴趣班有十个之多，平时每天下午放学就去兴趣班，周末两天也在上兴趣班。这种勤奋的精神值得肯定，可是，一天的时间就那么多，每一样都想学，会导致每一样都学不精。所以，兴趣班不是越多越好。只要精选出两三个兴趣班，持之以恒学下去，发展成自己的专长，就非常好了。

说一说你对报兴趣班的想法

6 把每天的时间掌握在自己手里

　　我们班的李彦哲懂得特别多，古今中外很多知识，他都知道，我非常敬佩他。我问他怎么懂那么多，他说就是大量看书。他爸爸给他买了两个书柜的书，他一有时间就读。我准备向他学习，把我每天浪费的时间利用起来看书。我相信，总有一天，我也能懂得和他一样多。

　　这是一个不错的主意。把时间利用起来读书，自己就会变得越来越博学。我们每一个人一天的时间都是相同的，谁善于利用时间，时间就会给谁最丰厚的馈赠。无论是把时间用于做作业、学习才艺、补习功课，还是阅读课外书，都是可以的，只要利用时间提升自己，对自己的成长都会有益。

成长中的烦恼

我的课外时间是由妈妈安排的。

我放学后先玩游戏，后做作业。

我放学后会先与小朋友一起玩，晚上再做作业。

时间就像一个精灵，谁善于利用时间，它就会变魔法，嘉奖谁。谁浪费时间，它就会一扭头，一去不复回，什么也不给你留下。

我会这样想

我已经长大了，不能再依赖妈妈了，应该自己来安排时间。

1

我以前老爱玩游戏，把自己的宝贵时间都浪费了，我不能再这样下去了。

2

我以前太贪玩，整天玩不够，以致与优秀同学拉开很大差距，现在我必须改变自己。

3

① 用早上时间听英语

每天早上起床后，可以利用洗漱、吃饭时间听英语，记单词。学英语最重要的就是创造一个语言环境，每天利用这段时间练练耳朵，可以提升英语听力能力，增加词汇量。

② 放学后及时复习、做作业

放学休息好之后，趁大脑记忆清晰，早点儿复习当天学的知识。理解透彻了，再开始做作业，钻研难题。这样学习效果才好，效率才高。

③ 合理安排兴趣班和作业时间

如果下午放学后有课外班，就要合理安排好时间，既要上好课外班，又要留出足够的时间完成当天的作业，不能顾此失彼。

④ 今日事今日毕

每天的作业都要在计划的时间内完成，今日事今日毕，不要往第二天拖延。因为每天都有每天的事情，拖延会给第二天造成压力。

平时我们每天的时间都分为两部分，上课时间和课外时间。上课时间按照课程表上课就行了，课外时间需要自己来安排。下午放学后到睡觉之前，除去吃饭、运动、娱乐时间，剩下大概三个小时的时间可以安排学习。那我们就要合理安排这三个小时。比如语文一个小时，数学一个小时，英语半个小时，剩下半个小时机动。

时间安排好后，就要按照计划学习，今日事今日毕，做一个时间管理小能手，管好自己的时间。

小贴士
TIPS

结合生物钟安排课外时间

在时间安排上，可以在精力旺盛的时候安排学习难的内容，这样思维敏捷，学习效果好。在疲倦的时候安排娱乐或者运动，这样可以释放疲劳，恢复精力。

如果自己的兴奋点在白天，就在晚饭前多安排一些作业，晚上早点儿休息；如果自己是"夜猫子"，晚上更精神，就可以把难一些的作业安排在晚上做，这样更有利于思考，钻研难题。

1. 你认为制订学习计划重要吗?

2. 你制订了哪些学习计划?

3. 你每天会优先做最重要的事情吗?

4. 你报有哪些兴趣班?

5. 你每天的时间都能合理利用吗?

6. 你每天做完作业之后，是如何安排自己的剩余时间的?

第二篇

高效的时间安排方式

　　时间管理与学习效率之间成正比例关系。学会时间管理，就能提高学习效率，使自己每天掌握更多的知识，成为一名优秀的学霸。

7 创造一个适宜的学习环境

　　我今天到朋友家里去玩，看到他有一个独立的书房，书房里有漂亮的书桌、书柜、沙发，房间收拾得很整洁，一看就是一个学习的好地方。我心里好羡慕，要是我有一个这么好的学习环境就好了，我一定会好好学习的。我在家里没有自己的书桌，一直是在饭桌上写作业，一家人在一起互相影响，我很难静下心来学习。我回家就给妈妈提个建议，让她把家里的学习环境改变一下，给我布置一个安静的学习环境。

　　对的，一定要有一个安静的学习环境。我们学习是脑力劳动，只有在安静的环境里，大脑思维才有连贯性，各种好的想法才会不断涌现出来。如果环境嘈杂，或者有任何让自己分心的东西，必然影响自己思考问题，学习效果就没法保障。所以，尽早创造一个安静的学习环境，对提高学习效率、提升学习质量至关重要。

我一直没有自己专属的书桌。

我们家没有书房，学习都是在客厅里。

我们家的学习环境很嘈杂。

如果学习环境不好，会分散我们的注意力，造成学习效率低下。而一个良好的学习环境能够保证自己专心读书，认真思考，提高学习效率。

我会这样想

1. 我让妈妈帮我准备一张书桌，这样我以后就可以专心学习了。

2. 我把书桌安放在卧室，这样学习起来就不受家人打扰了。

3. 我让家人在我学习的时候，把电视声音开小一些，别影响我思考问题。

① 安排一张光线充足的书桌

书桌要摆放在不正对着窗户、远离家人进进出出的地方，保证光线充足，这样才能保障自己安心学习，不受影响。

② 书桌上不要放置让自己分心的物品

不要把玩具和零食放在书桌上，这样可以专心学习，认真思考，不受外界影响。否则，一心二用，很难专心学习。

③ 根据条件布置一个独立的书房

根据家里条件，安排一个独立的学习环境，整洁、明亮、安静，适合学习，这样有助于提高学习效率。

④ 书桌前贴上名人名言

在墙上贴上名人名言，或者自己崇拜的名人照片，使自己能以他们为榜样，时时受到激励，主动学习，大胆创新，敢于挑战困难。

成长问答 >> 一个良好的学习环境很重要吗？

一个好的学习环境能保证自己安心学习，不受外界打扰。所以，我们需要给自己布置一个安静的书房，或者一张远离吵闹环境的书桌。

要维持书桌干净整洁，没有杂物和玩具，没有零食，这样可以避免分散自己的注意力。在开始学习之前，把要用到的学习用品摆好，备好纸和笔，以免在学习过程中因为找东西而打乱思路，也方便随时记录自己的思考所得。在学习过程中，不要去想别的事情，把心思专注到学习上，这样，自己就能用心思考问题，与知识对话，提升学习效率。

学习环境三不宜

在家里条件允许的情况下，尽量为自己创造一个适宜的学习环境，使自己能够专心学习。为此，我们要注意以下三点：

1．不宜放置零食、玩具等吸引自己注意力的物品，避免干扰自己。

2．学习用品不宜随便摆放，以免需要时四处寻找，打断思路。

3．不宜把学习环境当作放松的场所，使自己难以进入学习状态。

8 | 培养自己的作息规律

　　我以前习惯晚睡，结果第二天上午经常犯困，注意力不集中，上课迷迷糊糊，听课效果不好。为此，我改变了作息习惯，每天早上 6 点半准时起床，晚上 10 点钟准时睡觉。一个月后，我养成了新的作息规律。现在，我每天上午精力充沛，注意力很集中，听课效果也好，学习成绩也提高了。嘿，改变作息规律作用真大。

　　良好的作息规律能保证每天的正常学习。充足的睡眠首先能保证精力充沛，大脑思维活跃，记忆力好，学习效率高。其次能保证身心健康，心情愉悦。所以，建议大家早睡早起，作息规律，中午趴在桌子上小憩一会儿，下午放学后积极运动，释放压力，恢复精力，为晚上高质量完成作业打好基础。

我早上很困，起不来。

我晚上总是不瞌睡，不想早睡。

我经常跟着大人一起熬夜。

　　出现这种情况，说明我们没有养成良好的作息规律。作息规律很重要哦，能保证我们每天高质量地搞好学习。

我会这样想

　　早上起不来，是头一天晚上睡太晚了，睡眠不足造成的。

①

　　总熬夜不好，时间长了会影响我的学习和身体健康，得不偿失。

②

　　我爸爸晚上总是加班工作，使我养成了熬夜的习惯。我准备从现在开始早睡早起。

③

① 制订一份作息计划

与爸爸妈妈商量着制订一份作息计划，确定自己每天的起床时间、做作业时间、课外班时间、运动和娱乐时间、睡觉时间，使自己清楚每个时间段干什么事情。

② 把作息计划贴在墙上，自觉遵守

当自己作息不规律时，提醒自己像遵守诺言一样遵守作息计划，然后坚持下去，使自己形成良好的作息规律。

③ 尽量使作息节律保持稳定

我们一旦养成了一种生活节律，身体就会形成固定的生物钟，到每个时间点就处于相应的状态。所以，我们不要随便改变生活节律。否则，身体就会无所适从，生物钟混乱，影响正常学习。

成长问答 >> 作息规律对自己有什么好处?

　　良好的作息规律可以保证充足的睡眠，使自己精力充沛，大脑思维敏捷，身体状态良好。精力充沛能促使自己积极参与到各项活动中，成为积极分子；思维敏捷能保证上课认真听讲，积极思考，理解透彻，课后做作业速度快，学习效率高；良好的身体状态会让自己每天早上拥有好心情，积极面对一天的学习生活，使自己处于一个良性高效的状态之中。

自我测试

1. 自己早上能否按时起床?　　　　能（　　）　不能（　　）

2. 晚上能否主动按时睡觉?　　　　能（　　）　不能（　　）

3. 每天能否按时完成作业?　　　　能（　　）　不能（　　）

4. 每天看多长时间的电视?　　　　（　　　　）

5. 你觉得按时作息对自己有什么好处?

9 抓住记忆的黄金时段

　　我发现了一个有趣的现象，就是每天上午 8 点到 10 点、下午 3 点到 5 点、晚上 8 点到 9 点半，我的大脑像充满了电一样很有活力，思维特别活跃，记忆力也特别好。在这几个时间段学习，我很容易将知识点记住、理解透，学习效率特别高。我爸爸说，这几个时间段是我学习的黄金时间段，要抓住时机好好学习。

　　每个人都有自己学习的黄金时间段，就是学习效率最高、做事效果最好的时间段。把这个时间段抓住了，收获就会特别大。所以，我们都需要通过一段时间的实践，找出自己大脑活跃的规律，什么时候记忆力最好、思维最活跃，就是自己学习的最佳时间段，要好好利用来学习难以记忆的知识。

我上午精力充沛，如何利用来学习？

我下午精力不集中，怎么避免影响学习？

我晚上思维活跃，怎么安排时间合适？

　　黄金时间段学习效率最高，所以，我们白天要利用黄金时间段认真听课，用心学习；放学后利用黄金时间段记忆烧脑的内容。这样，时间就能得到充分利用，并取得最好的学习效果。

我会这样想

　　上午的课都很重要，我要充分利用上午的记忆优势，用心听，用心记。

①

　　下午的课相对轻松，不太需要用心思考，只要打起精神听课就行。

②

　　我可以在晚上做数学作业，背课文，写作文，补习功课，做智力游戏。

③

① **第一黄金时段：清晨起床后**

这段时间，经过一夜睡眠，大脑非常清醒，思维活跃，适合记忆。利用这段时间记忆英语单词效果很好。

② **第二黄金时段：上午 8—10 点**

这段时间，精力充沛，肾上腺激素分泌旺盛，大脑开始严谨而周密地工作，思考能力最佳，是攻克难题的好时机。

---

③ **第三黄金时段：下午 3—5 点**

这段时间，体能得到改善，大脑又开始活跃，适合于复习、整理笔记、做作业。

④ **第四黄金时段：晚上 8—9 点半**

这段时间，是一天中最佳的记忆时间，记忆效率很高。利用这段时间来记忆所学知识，最容易记牢，不易遗忘。

成长问答 >> 如何寻找自己记忆的黄金时段?

　　心理学家研究发现，早上起床后、上午8—10点、下午3—5点、晚上8—9点半，是大脑最活跃、学习效率最高的黄金时段。中午1时左右和黄昏时分，大脑反应迟钝，记忆效率最差，不适合用来学习。晚上睡觉之前，大脑进入疲劳期，不适合熬夜。结合这些规律，就能找出自己记忆的黄金时间段，然后妥善安排好自己的学习。

　　我们白天在校学习，时间不能自由支配，下午放学之后的时间可以自由支配，那我们需要找出自己记忆的黄金时间段，来安排做作业，这样才能够提高学习效率。

小贴士
TIPS

按照大脑活动规律安排学习

　　我们的大脑在一天中有自己的活动规律：一般来说，早晨刚起床，大脑思维清晰，想象力丰富；上午8点到10点，大脑思考严谨、周密；下午3点到5点，大脑思考敏捷；晚上8点后，记忆力最强。根据这些规律，早上适合捕捉灵感，构思作文，背诵单词；上午适合听课，思考，做课堂笔记；下午适合做数学作业；晚上适合背诵课文，记忆难记的内容。中午和傍晚是大脑疲劳期，不适合学习，可以用来休息、运动，释放大脑压力，缓解疲劳。

10 缩短学习疲劳期

我放学后做作业，不能连续超过一个小时。因为时间一长，我的脑子就不好使了，必须玩一会儿再做作业。我妈妈说我太贪玩，可是我的真实情况是，大脑在学习一段时间后确实需要休息，否则学习效率不高。我通过休息来改变大脑疲劳状况，缩短大脑疲劳期。

每个人都会有学习疲劳期。如何度过大脑疲劳期，让大脑恢复活力，有各种方法。常用的方法有两种，一种是通过运动、休息，让大脑放松下来。另一种是采取不同课程交替学习的方法，缓解大脑疲劳。比如背完课文，去做数学题，让大脑左右半球轮换工作。可以根据自己的实际情况做出选择。

成长中的烦恼

我上午精力最旺盛，注意力集中。

我下午容易疲劳，学习效率不高。

我放学后身心疲惫，只想玩，不想学习。

　　在自己注意力不集中时，可以学习一些轻松的内容，或者安排一些娱乐活动、体育运动，让大脑恢复活力。在状态良好的时候学习，效率才是最高的。

我会这样想

　　我上午精力充沛，思维敏捷，注意力集中，学习效率高。我要抓住时机好好学习。

　　我在注意力分散时，就安排一些轻松的学习内容，度过大脑疲劳期。

②

　　我下午放学以后先放开去玩，把身体的压力释放出来，再安排学习。

① 提升学习兴趣

如果对所学内容兴趣浓厚,学习时心情愉快,就可以延长大脑兴奋时间,减少疲劳。所以,多培养学习兴趣,是防止学习疲劳的方法之一。

② 学会科学用脑

大脑有左右两半球,左半球主管抽象思维,右半球主管形象思维。为了防止大脑疲劳,可以将数学、语文、英语交替学习,使大脑左右两半球交替使用,轮换休息。

③ 注意劳逸结合

学习一段时间后,就主动休息一会儿,放松大脑神经。通过休息、娱乐、运动来放松身心,改善疲劳状态。

④ 多吃一些养脑食物

每天要多吃一些肉、牛奶、鸡蛋、鱼、水果、蔬菜,补充大脑所需要的钾、氨基酸、维生素B 等微量元素,给大脑补足营养,提高大脑神经递质水平。

成长问答 >> 大脑疲劳时怎么办？

我们每个人都会出现大脑疲劳期，打开书本看不进去，做题没有思路，大脑好像不会转了，懵懵懂懂，效率低下。这就告诉我们，大脑该休息了。

当大脑疲惫时，就需要通过积极休息，来缩短疲劳期。如果是在课堂上，就趁老师板书时，快速向窗外看一下，转移一下注意力，缓解脑部疲劳。如果是在家里，就躺在床上睡一觉，给身体放个假，等恢复精力后再学习。

一般来说，我们每天需要9个小时睡眠，这样大脑才能得到充分休息。所以，我们要早睡早起，保证足够的睡眠，使自己能保持精力充沛。

缩短大脑疲劳期的小技巧

1. 主动休息、娱乐、运动，把大脑的压力释放出去，缓解大脑疲劳。

2. 吃一些美味的水果，休息一会儿，让大脑产生美好的体验。这种体验会通过杏仁核传递给大脑，使大脑产生愉悦感和兴奋感。

3. 深呼吸，闭目冥想，想象自己坐在海边，周围吹着海风，耳边响着海浪拍击岸边的声音，把大脑压力释放出去。

4. 如果自己正在做作业，不能出去玩，可以换一科作业做，使大脑左右半球轮换工作，改变大脑的紧绷状态。

11 把大目标拆分成小目标

　　爸爸给我定了一个目标，让我今年记住 2000 个英文单词。说那样我的英文水平就能提高很多，可以用英语交流了。虽然听起来很好，可是让我记住 2000 个单词，我觉得实在太多了。爸爸喜欢给我定目标，可是这些目标都很大，一听就把我吓住了，完全不敢去接受。

　　当我们面对一个大的学习目标时，有畏难情绪是正常的，觉得很难完成。害怕它，不想去面对它。但是，如果我们把一个大目标拆分成很多小目标，而每一个小目标很容易完成，是不是就没有压力了呢？比如，每天记 6 个单词，这是不是就没有问题，每天用零碎时间就可以记住，对吧？这样，一年肯定就能记住 2000 个单词了。所以，把大目标拆分成一个个小目标，最终实现大目标就没有那么难了。

感觉大目标实现起来很难。

每次面对大目标时，我常常被这个目标给吓住。

最好不要定大目标，这样没有压力。

大目标看起来很大，但是如果把大目标分成一个个小目标，完成起来就容易多了。而且，每完成一个小目标，自己就会获得一种成就感，更愿意去完成下一个小目标。

我会这样想

大目标容易把人给吓住。如果把它分成一个个小目标，就一点儿都不可怕了。

1

把大目标分成很多小目标，一次只完成一个小目标，感觉就容易多了。

2

有了大目标，自己才有努力方向啊。我把大目标分成小目标，一个个完成。

3

① 小目标越具体越容易执行

把小目标分得具体一些，一天完成一点点。比如，把一年背 2000 个单词分解成每天背 6 个单词，执行起来就很容易。一年下来，自然就可以背会 2000 个单词了。

② 小目标的任务量要适合自己

分解后的任务量是自己可以完成的，对自己不构成压力，这样的任务量就是适合自己的小目标。

③ 给大目标定一个完成的期限

谁都有惰性，拖延的时间越久就越不想做。所以，我们要把大目标限定在一个期限内完成，这样会促使自己按时完成任务。

④ 把长期目标分解成短期目标

如果一个目标实现的期限比较长，比如学习钢琴是一个长期的事情，把它分成一个个短期任务，一周学会一首曲子，这样日积月累，就会很有成就感。

成长问答 >> 分解大目标有什么好处？

　　有的同学做事之所以会半途而废，就是因为他把这件事情想得太难，畏难心理促使他放弃了。但是如果他把这件事情分解一下，一步步去完成，就能够把这件事情做好。学习也是一样，不要被大目标吓住，只要分解成一个个小目标，专注于完成一个个小目标，日积月累，水到渠成，大目标就实现了。而且每完成一个小目标，就会特别有成就感，很想继续去完成下一个小目标，这就是分解大目标的好处。很多学霸都是这样一点点蚕食那些学习目标的，我们每一个人都可以这样做，而且还能做得很棒。

练一练

　　试着把一篇长课文分解成几段，分段背诵，感受一下效果怎么样。

　　我每天放学后总是先玩，一玩起来就会忘记做作业。等到妈妈下班回来，就说我贪玩，不做作业。可是，我真不是不想做作业，只是玩忘记了。我也知道这样不好，可是我总也改变不了这种情况。怎么办呢？

　　放学后，我们需要将要做的事情，按照轻重缓急分为四类。第一类属于重要、紧急的事情；第二类属于重要、不紧急的事情；第三类属于不重要、紧急的事情；第四类属于不重要、不紧急的事情。然后优先做第一、二类事情，再做第三类事情，最后做第四类事情。永远先做最重要最紧急的事情，这样，自己的大事就不会被耽误，时间也能合理利用。

我们每天都会有很多事情要做，但哪些是重要的事情，哪些不是重要的事情，需要进行分类。作业一般都是重要的事情，需要每天先做，这样，时间就能得到最有效利用。

我会这样想

作业是既重要又紧急的事，需要每天优先做。做完了再看动画片。

①

我把玩耍放在第四类事情里面，做完作业，上完课外班，再去玩耍。

②

如果作业很多，肯定要先做作业，有时间再看动画片，不能先看动画片。

③

1 重要且紧急的事

作业是重要且紧急的事情，每天必须优先完成，那我们放学后就先做作业，等作业做完了再干别的事情。

2 重要但不紧急的事

每日练琴、阅读，各种兴趣班的学习，这些事情很重要，但是没有学校的作业那么紧急，可以等作业完成后再做。

3 不重要但紧急的事

家里没有菜了，需要自己去买。这算紧急的事，但不是最重要的事，那就先把作业做完再去买菜，这样就不会耽误学习了。

4 不重要也不紧急的事

看电视、玩游戏，都属于这一类的事情，把这些放在最后去做，就能做到合理安排时间，有序完成每一件事情。

成长问答 >>为什么要先做最重要最紧急的事情？

一般来说，第一类事情是必须优先完成的，然后是第二类、第三类、第四类事情。这样，每天都能把最重要最紧急的事情先做完，不耽误大事，时间也能得到合理利用。

但是我们很多同学不会这样安排事情，他们经常是放学后先玩，先看电视，作业做不完只能推到第二天。结果作业越积越多，难题不能及时解决，给自己造成很大压力。根源就是自己没有安排好做事情的顺序。

所以，我们把重要的事情排在前面，坚持优先做重要的事情，就能管理好自己的学习了。

小贴士 TIPS　判断最重要事情的标准

1. 每天必须完成的各项作业，毫无疑问是最重要的事情。

2. 必须当天完成，不能拖到第二天的重要事情。

3. 可给自己带来成就感的事情。如每天练钢琴，阅读，兴趣班布置的作业。

每天先做最重要的事情，就能高效率地利用时间。

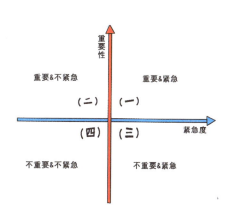

1. 你在家里是不是有一个独立的学习环境?

2. 你每天能按时睡觉、按时起床吗?

3. 你每天学习的最佳时段是什么时候?

4. 你是如何度过每天的学习疲劳期的?

5. 你会把大目标拆分成小目标来完成吗?

6. 按照"最重要最紧急不重要不紧急",把每天的事情排排序。

第三篇

发挥时间的最大效益

学习时间与学习效率之间，并不成正比例的关系。学习时间越长，并不一定学习效率越高；学习时间越短，并不一定学习效率越低，关键在于是否发挥了时间的最大效益。

13 让时间产生价值

　　我没有参加过补习班，也不花大量时间学习，但是我的学习成绩一直非常好。我的秘诀是，注意力集中，高效学习。我一旦开始学习，在一个小时的时间内能学习很多内容。我善于思考、喜欢钻研，做题速度很快，正确率很高，学习成绩很好。我是疯狂地玩、疯狂地学的那种人。

　　这位同学很棒。虽然花在学习上的时间没有别人多，但是学习效率很高，每一分钟都能产生价值。这比每天都在学习，但是注意力不集中，学习效率不高的同学收益更大。有的同学一小时看不了两页书，时间都消耗了，没有产生价值，这样的学习方法不值得提倡。我们要想学习好，就不能消耗时间，要集中注意力学习，让时间产生价值。

我上课时经常心不在焉。

我学习了，但成绩不好。

我做作业的时候老想着玩。

　　当我们开始学习，就要用心去学，提升学习效率，让每一分钟都产生价值。玩的时候就痛快地玩，玩高兴。如果学的时候想着玩，玩的时候想着学习，那就什么都做不好。

我会这样想

　　我上课时要集中注意力，认真上好课，课间休息再痛快地玩。

1

　　学习的时候我要专心学，把闲杂事情从脑子里赶出去，专心致志。

2

　　做作业时要回顾学过的内容，思考解题思路，一定要注意力集中。

3

时间管理能力训练 >> **如何做到主动学习呢？**

① 上课之前先预习

　　上课之前先预习课本内容，把要点标注出来，听课时围绕重点听讲，容易掌握住知识点。

② 听课时要集中注意力

　　课堂上要集中注意力，认真听讲，跟着老师的思路走，才能抓住一堂课的精华。否则，人在课堂心在漫游，就会耽误学习。

③ 积极思考，及时消化知识点

　　上课时需边听边思考。理解了的知识才能进到大脑里，变成自己的知识。否则，一知半解，留下一堆疑难问题，会降低学习效率。

④ 趁早复习，避免遗忘

　　我们的大脑有一个遗忘规律，学过的知识如果不及时复习，就很容易遗忘。所以，每天要趁刚上完课，大脑记忆清晰，花三分钟时间复习巩固，这样记忆效果才最好。

成长问答 >>让时间产生价值的四步学习法是什么?

积极主动学习,才能提升学习效率,让时间产生价值。怎样才算主动学习呢? 就是要掌握四步学习法。第一步,上课之前先预习,提前熟悉上课内容;第二步,上课时专心听讲,积极思考,积极参与课堂讨论,有疑难问题随时提问;第三步,课后趁热打铁,及时复习,赶在遗忘之前加深记忆;第四步,每天放学后,积极思考解题方法,认真完成当天作业。

学会思考,掌握住学习的精髓

孔子说,"学而不思则罔,思而不学则殆"。学习与思考,是结伴而行的两个伙伴,光学习不思考,学到的都是死知识,思考了而不学习,就会一无所得。学习一定要伴随着思考,经过思考,理解了的知识,记忆起来才容易,才能变成自己的知识。

思考时,要讲究方法。不同的学科思考问题的方法不同。比如,数学需要逻辑思维,上课时要紧跟老师的解题思路,了解老师的推理方法,学习如何运用逻辑推理解题。语文侧重于形象思维,平时注意培养自己的好奇心、观察力、想象力,这样,自己就能够运用形象思维进行思考和写作了。

培养学习的专注力

　　语文老师正在讲《陋室铭》："山不在高，有仙则名，……"我对老师绘声绘色讲课的样子很感兴趣，于是就不断变换坐姿，从不同角度观察他，而没有听进去他讲的内容。结果被老师发现了，他说："你屁股下面是不是有一个钉子？"引得同学们哈哈大笑。我感到很难堪，决定再也不分心了，集中注意力听课。

　　听课时如果注意力不集中，就好像关闭了心灵的窗户，知识之光就照不进来了，自己怎么能学习好呢？我们不少同学成绩不好，不是因为不聪明，而是上课注意力不集中，没有听进去老师讲的内容，日久天长，学习就越来越不好了。注意力不集中，多害人呀！

如果窗外有一点儿声音，我一定会被吸引走。

我喜欢边做作业边想别的事情。

我很难专注地做好一件事情。

学习时只有专心致志，排除杂念和外界干扰，才能真正进入学习状态。如果精力涣散，一心二用，学习的效果就会大大降低。

我会这样想

①
我上课的时候，注意力特别集中，能一直跟上老师的思路，学习效果特别好。

②
我做作业时，会专心致志，不受外界干扰，也不想别的事情，效率很高。

③
我做事时特别专注，从不一心二用。妈妈说我将来一定能当科学家。

时间管理能力训练 >> **如何做到专注？**

①　创造良好的学习环境

在家里为自己创造一个光线充足、空气清新、安静的学习环境，最好是一个单独的房间，有一把舒适的椅子和一个高度合适的桌子，为安心学习创造好条件。

②　排除令你分心的因素

学习时不要在书桌上放置玩具、零食、电子产品等容易使自己分心的物品，避免分散自己的注意力。

③　培养专注意识

开始学习时，要有意识地把注意力收回到学习上来。大脑只有在专注的情况下才能将获取的信息储存到记忆系统中去，如果分神，看到的信息就不会在大脑里留下痕迹。

④　积极休息，恢复注意力

疲劳时，注意力容易涣散。所以在上课时，要学会快速调整自己的状态，恢复注意力。如果是在家里学习，就积极休息十分钟，再重新开始学习。

成长问答 >> 为什么学习时要集中注意力?

因为我们专注于学习的时候，大脑皮层就会形成一个优势兴奋中心，所有的脑细胞都会全力以赴为学习服务，这时，大脑的记忆就非常深刻。假如我们学习时一心二用，大脑皮层就会形成两个兴奋中心，记忆就会受到干扰，记忆效果就不好。所以，注意力是记忆历程的第一道关口，我们要想搞好学习，就要集中注意力，不能分心。

注意力还与我们的学习效率有着密切关系。如果注意力不集中，就需要花很多时间在学习上，还很难保证学习质量。所以，学习的时候一定要集中注意力，专心学习。

提升专注力的小技巧

1. 学习画画。在平心静气、一笔一画的练习中，容易培养专注力。

2. 下围棋。在长时间思考落子的过程中，能培养出专注力。

3. 做手工。在做手工的过程中，大脑专注于自己感兴趣的事情上，容易练出专注力。

4. 阅读。优秀的文学作品能够吸引我们专注于书中的情节，从而养成专注的习惯。

5. 观察。到户外观察昆虫、花卉的细节、特征，培养自己的观察力和专注力。

15 改变拖延的习惯

　　我每天放学以后都不想马上写作业，能拖到睡觉前就拖到睡觉前。寒暑假更是无限期拖延，一直拖到开学之前才做。我也知道这样不好，可是总改不了这个习惯。我反思过原因，一开始是觉得时间很多，先玩了再说，到后来是一想到还有作业要做就心烦，能拖就拖一会儿。这样慢慢地就养成了拖延的坏习惯。我是真想改，就是改不了。

　　很多同学都有拖延的习惯。结果因为拖延造成作业越积越多，心理负担越来越重，最后还得熬夜做作业，把自己搞得很难受。所以，要学会定计划，做好时间管理，重要的事情先做，不重要的事情后做，当天的任务必须当天完成，决不拖延。

拖延症就是这样一点一滴形成的。而拖延一旦成为习惯，就不太好改，最后受影响的还是自己。很多同学都吃过拖延的亏，所以我们要提醒自己不能掉进这个怪圈里。

我会这样想

1	2	3
我每天放学后，会把事情排排序，先学习后玩。或者玩一小会儿，马上做作业。	每天都要先做重要的事情，再做不重要的事情。我要管好自己。	每次拖到睡觉之前再做作业，心里会特别烦，作业质量一点儿都没有保障。

1 **给自己的事情排序**

　　每天放学后，把自己要做的事情按照重要和不重要进行排序，作业是重要的事情，要优先完成。假期提前定好计划，重要的事情往前排，每天完成一部分，就不会拖延了。

2 **培养自己的行动力**

　　做任何事情之前，不要把它想得有多么难，只要行动起来，都是能够完成的。所以，与其每天拖拉，不如行动起来去完成它。只要自己培养起行动力，就不会再拖延了。

3 **养成今日事今日毕的习惯**

　　每天都有事情要做，不要把当天的事情拖到第二天，要当天完成当天的任务，养成今日事今日毕的习惯。

4 **让爸爸妈妈当监督员**

　　当自己的自觉性不够时，可以让爸爸妈妈当监督员，督促自己。也许就是这么一点儿推动力，就能够把自己的自驱力启动起来。

成长问答 >> 拖延症形成的原因是什么?

　　我们之所以会有拖延症，有很多方面的原因。一是没有产生对时间的紧迫感。觉得时间还多得很，今天做不完，可以拖到明天，明天做不完，可以拖到后天，这样就养成了拖延的坏习惯。二是分不清事情的主次。不知道哪些事情最重要，哪些事情不重要，结果先干了很多不重要的事情，把重要事情耽搁了。三是自己缺乏自制力。经常被外界的诱惑所吸引，比如动画片和游戏，结果把学习忘到一边去了。四是自己有畏难情绪。遇到学习中的困难就躲着，不想面对，不去想办法解决这个问题，结果问题越积越多，到最后自己完全没有能力应对，就得过且过，不去认真学习了。

改掉拖延症的方法

　　可以尝试从以下几个方面去改变：一是要从心里认识到，拖延不好，会耽误大事。要下决心改变拖延的习惯。二是每天放学后，把自己的事情排排序，先做作业，再干其他事。如果作业量大，可以把作业分段来完成，每完成一段休息十分钟。

三是培养自制力。如果作业没完成就想出去玩，就告诉自己："小朋友，管住自己哈，你如果自己都不努力，怎么期望将来有出息呢？"只要我们从思想上认识到拖延带来的后果，在行动上努力改变，就一定能摆脱这个坏毛病。

仔细认真，确保每一步都做正确

　　我曾经遇到一道难题，百思不得其解，不得不请教同桌。他特别认真，每一步都用心思考，一步没错就算出了这道题。他做题的过程给我很大启发，就是做题每一步都要认真思考，一步都不能错。如果一开始思路错了，或者中间有一步做错了，结果就一定是错的，还浪费时间，不划算。

　　说得对！所以我们平时做题的时候，就要细心再细心，每一步都做正确。只要养成了这样的好习惯，就能减少出错率，既提升学习成绩，又节省时间。

我是一个小马虎，作业出错率很高。

我知道我的毛病，就是太粗心。

可能是我妈妈把我遗传成粗心的人了。

　　做任何事情都要用心，只要用心了，就可以降低出错的概率，把学习搞好，把事情做漂亮。

我会这样想

1. 　　我要先看清楚题目要求再做作业，每一步都认真思考，争取不出错。

2. 　　我做题每一步都仔细认真，做一步看一步。慢一点儿没关系，不出错才是最重要的。

3. 　　好习惯可以靠后天养成。所以，我要养成细心的习惯，仔细审题，确保每一步都做正确。

① 认真审题,看清楚题意再做题

平时做题时,就要养成认真审题的习惯。题目要求中的每一个字都有用处,要认真看清楚,理解明白再做题,这样,可以确保审题不出错。

② 先厘清思路再做题

做题之前,脑子里先有一个思路,把思路梳理清楚再动笔。如果没想好就动笔,可能思路就是错的,结果做得越多错得越多。

③ 每一步都要经过思考

做完一步,往下一步做时,先思考清楚,确认没错再往下做。同时,要防止笔误,别把数字写错了。错一步就会导致结果错误。

④ 边做边检查

养成边做边检查的习惯。这样可以及时发现笔误以及计算错误,早点儿改正过来,以免做到底了才发现错误。从头再来,浪费时间。

成长问答 >> 为什么要保证每一步都做正确呢?

有些同学平时做题时为了赶速度，不细心审题，也不认真把每一步都做正确，导致出错率很高。结果还要花很多时间去纠错，得不偿失。而且一旦养成了粗心的习惯，就很难改变，会导致考试的时候也大量出错，影响考试成绩。

所以，最好的办法就是做题时，看清楚题意再做题，每做一步都认真检查，保证每一步都做正确。这样，既能保证质量，又能节省时间。

改变粗心·大意的习惯

为了保证每一步都做正确，需要改变两个不良的习惯：

一是审题时粗心大意。没看清题意就做题，会导致越做越错。等做到底才发现，再回过头来改就浪费了很多时间。所以，要看清楚题里面的条件，不出审题错误。

二是做题时丢三落四。有些同学做题过程中，因为少写一个数字，或者写错一个数字，导致结果出错，特别浪费时间。如果在考试过程中出现这种错误，连改正的机会都没有了。所以，一定要细心，保证每一步都做正确。

17 掌握解题方法，提升学习效率

　　数学老师总说，掌握解题方法是学好数学的重要一步。所以我上课的时候，就会留心老师教的解题方法，领会老师的解题思路，课后按照这些解题方法做练习题。结果我发现，只要掌握了方法，学好数学并不难。而且，数学很有趣，奇妙无穷。

　　很多优秀的数学老师为了让学生明白数学原理，会从各个角度进行分析讲解，并通过例题演示，把解题思路和方法告诉大家。我们只要用心听老师讲，把解题思路和解题方法记录下来，运用到练习中，就能融会贯通，学好数学。

上课虽然听懂了，可是做习题时我还是不知如何下手。

我不知如何运用解题方法。

一换题型，我就不会了。

想要学好数学，就要掌握解题方法。而老师讲的解题方法一般都有固定的解题思路，只要上课认真听，用心理解，就能够掌握住解题方法。

我会这样想

无论题型如何变化，习题里面都藏着规律，只要找到了规律，解题就容易多了。

1

习题都有解题方法，只要上课认真听讲，课后多做练习，就知道怎么运用解题方法了。

2

只要掌握住解题方法，不管老师如何变换题型，都能一通百通。

3

1 养成数学思维习惯

　数学思维包括有序思考、规律思考、正向思考、逆向思考、整体思考、分组思考等很多思维方式。数学里面藏着很多规律，按照有序的思维方式思考，就能找到数学里的规律，解开很多数学问题。正向思考是我们经常使用的思考方式，就是一步一步往下想。有时候遇到复杂的难题，采用逆向思考，更容易找到答案。每一种题，都有自己的思考方式，我们上课时要认真听讲，掌握住思考方式，这样就容易找到答案。

2 多进行逻辑思维训练

　逻辑是数学的本质，想学好数学，平时可以多做一些逻辑思维游戏，建立起逻辑感。当你头脑中有了清晰的逻辑顺序，就不仅能把数学学好，还能学会思考问题、分析问题、解决问题。

3 找准解题思路和方法

　数学习题里都藏着规律。当我们拿到一道题之后，要仔细分析，发现其中的规律。用正确的解题思路和方法，就能解开每一道题。

成长问答 >> 我应该怎样总结经验和方法?

经常听到有同学说:"我上课听懂了,但是就是不会做题。"这是因为,我们上课的时候,自己没有主动思考,没有弄清楚解题思路,虽然听懂了,但是不会应用。这时不要着急,回顾一下老师上课是怎么讲的,用的什么思维方法,是怎么推理的,通过思考和分析,找出解题思路。

为了学好数学,我们需要经常总结和反思。经常问问自己,这样思考是否正确? 这个解题方法对不对? 是否还有更好的方法呢? 通过不断积累经验,再遇见这类难题的时候,就能轻松解开了。

用数学思维学数学

我们学数学时,要按照数学的思维方式思考问题。数学的思维方式有很多,我们常用的思维方式是有序思考、规律思考、正向思考、整体思考等。我们要有一种探究的意识,随时提出问题,多问一些为什么。然后围绕这些疑问去思考,去找数学中的规律,去思考解开这些问题的方法。当你发现了规律,找到了方法,一切都会一目了然。你会发现,原来解开数学题这么简单。

1. 你上课能专心听讲吗?

2. 周围的动静会影响你学习吗?

3. 你做作业有没有拖延的习惯?

4. 你做作业正确率高不高? 你能不能一次就做正确?

5. 你是否喜欢掌握学习方法?

6. 你善于独立思考、独立解决难题吗?

第四篇

节省时间
有技巧

我们有时候觉得学习时间不够用，主要是学习方法不对路。有了好的学习方法，就可以帮助自己节省时间，提高效率。

18 通过预习节省学习时间

我妈妈让我每天预习新课，我特别不爱预习。我觉得每天上课、做作业、上课外班，已经很忙了，要是再增加一个预习，是忙上添忙，哪里有那么多时间呢？而且，书上的内容，老师上课都会讲，没有必要重复劳动，浪费时间。

有很多同学觉得预习没必要，是浪费时间，反正老师上课会讲。但实践证明，课前不预习，听课效率往往不高，学习效果也不好。通过预习，提前对新知识有一个大概了解，上课时可以有的放矢地听课，更能抓住课堂精华。而且，预习时通过温故知新，与前面学过的知识联系起来，上课时思路更清晰，更容易理出头绪。

预习是浪费时间。

预习没有什么用。

每天很忙，没有时间预习。

没有预习就去听课，课后只能记得一些大概，而预习后听的课，到晚上躺在床上，还能完整地回忆起来。所以，预习可以提高学习效率。

我会这样想

1 预习后听课更轻松，更容易掌握住所学内容，学习效果更好。

2 经过预习，上课更容易听懂。好的预习是成功的一半。

3 预习后，上课就能跟上老师的节奏，知道老师讲的要点在哪里，听课时不盲目。

先把上课内容看一遍

先把课本看一遍，熟悉一下内容，标出重点、难点、疑点，这样上课可以有针对性地听。

 **查阅字典，为上课扫清障碍**

通过查阅字典，把新课中的生字词查阅清楚，弄懂含义，为上课做好准备。

③ 温故而知新

如果新课里面牵涉到旧知识，就重新温习一下那个知识点，与新知识建立起联系，放在一个知识体系里面学，思路更清晰。

 **④ 预习时间多少因课而异**

预习的功课难，可以多花一些时间，预习细致一些；预习的功课容易，简单预习一下，标记出重难点就可以。

成长问答 >> 为什么预习后听课效果更好？

　　预习就是提前对新课内容做一个大概了解，做到心中有数，减少听课的盲目性。同时，提前标记出难点、疑点，上课有针对性地听，容易把问题消灭在课堂上，学习效果更好。

　　而且经过预习，自己带着问题进课堂，就会有强烈的解开难题的愿望，上课就会集中注意力，认真听讲，积极思考，主动提问，学习的主动性大大提高，学习的效果也会相应大幅提升。课后也会记得牢，不需要再花大把时间去琢磨难题，为自己节省很多时间。

预习有什么好处？

　　1. 通过预习，对新课有一个大概了解，标出重点、难点、疑点，上课时就可以有的放矢，有针对性地听课。

　　2. 通过预习，与前面学的旧知识建立起衔接，为上新课提前理好思路。

　　3. 预习之后，上课更容易跟上老师思路，听课效果更好。

　　4. 经过预习，老师再讲解一遍，记忆更深刻，不容易遗忘。

19 随堂消化老师的讲解

　　爷爷是一位很有经验的老教师，他总是同我讲，上课要认真听，用心思考，主动提问，勤记笔记，有任何问题当堂课弄明白，不把问题留到课后，这样，每天都能把当天学到的知识消化吸收掉。

　　爷爷说得很对。听课时，眼、耳、口、手、脑都要参与到课堂学习中去，眼睛要看老师写在黑板上的板书；耳朵要主动去捕捉老师讲的知识点，听同学们发言；大脑要跟上老师思路，积极思考问题；嘴巴要多提问，多发言；手要勤记笔记，多做标记。五官并用，把课堂知识消化好、吸收好，变成自己的知识。这样，一堂课下来就会很有收获。

成长中的烦恼

上课没听懂，以后再说吧。

我上课听得似懂非懂。

我听不懂也不想问。

在课上把问题弄明白，不把问题留到课后，学习就会轻松很多，减少很多压力。你也试试看吧！

我会这样想

课上不懂的内容课上解决，课后就轻松了。

1

充分利用课上 45 分钟，集中注意力听，有问题随时问老师。

2

不懂的一定当时问明白，不把问题留到课后解决。

3

① 紧跟老师思路，不跑神

在课堂上认真听讲，老师讲到哪里，你的思路就跟到哪里、想到哪里。

② 积极参与课堂讨论

充分利用老师课上安排的讨论时间，积极参与讨论，不懂的难点、疑点及时问老师。

③ 做好课堂笔记

跟随老师的讲解，做好课堂笔记，标记出重点、难点。重点和难点可以用不同颜色的笔标记，便于识别。

④ 有问题及时提问

有任何疑难问题，一定当时提问，及时消化和吸收课堂知识，不把问题留到课后。

成长问答 >> 为什么要及时消化吸收课堂知识？

每堂课的知识点一般只有四五个，老师都会仔细讲解这几个知识点，我们只要认真听，用心记，有问题随时提问，是完全可以掌握住的。及时消化吸收这些课堂知识，花的时间更少，学习效率更高，效果更好。

如果不重视这个环节，上课不用心听讲，有问题也不去弄明白，每天只是把上课当成任务，不能及时把这些知识消化吸收掉，按照大脑的遗忘规律，第二天就会忘掉很多，就像猴子掰苞谷，一边走一边丢，那我们的学习效果可想而知不会太好。

小贴士 TIPS

当堂课消化吸收的小窍门

上课时假想老师在给自己一对一讲课，用心听老师分析难点、知识点，跟着老师的思路思考，记住老师强调的要点。有问题及时提问，当堂解决。

当你认真听讲时，老师是看得很清楚的，会更愿意好好讲课，与你眼神互动，奖励你一个温暖的微笑。

上课结束时，不要急于出去玩，快速花三分钟时间回顾一下这节课的要点，就可以掌握住这节课学的知识了。

20 善于寻找解题思路

做数学题时，我经常找不到解题思路，不知道应该如何做起。上课时，老师分析的每一步都顺理成章，使用哪个定理，运用什么思考方法，我都懂，好像都很简单，可是让我再做类似的题，我还是不会。这是为什么呢？

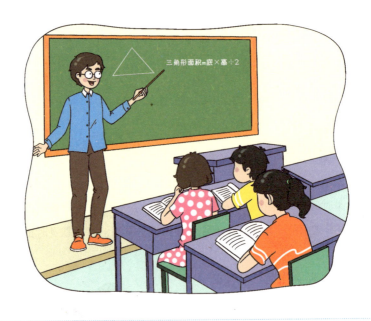

出现这种情况，主要是因为没有真正理解解题思路。数学主要考查逻辑思维能力，我们要使用逻辑思维，按照老师教的解题方法去做题。在思维卡壳时，先回忆老师教的解题思路和解题方法，尝试用这种方法解题。一旦解题成功，就要对自己的思维过程进行总结，以后遇到同类问题还可以用这种思路解决。

一离开老师的讲解，我就不会做题。

我很难搞清楚各种数之间的关系。

我不会解方程，觉得很复杂。

　　当遇到难题不知如何解题时，先静下心回顾老师的解题思路，把思维方式弄明白，经过独立思考，自己是可以解开这些难题的。

我会这样想

1
　　不仅要弄懂老师的解题思路，还要善于运用数学思维方法思考问题。

2
　　每个人的智商都是差不多的，就看自己是不是爱开动脑筋思考问题。

3
　　解方程的过程，就是运用逻辑思维，从已知数推出未知数，边思考边推理的过程。

① 学会认真审题

做数学题要学会审题，这是解题的第一步。先分析习题中的已知条件，将已知条件列出来，引入恰当的符号，使问题成立。

② 找准解题思路

找思路是解题过程中最烧脑、最需要创造性思维的环节。首先要看这道题考查的是哪个知识点，然后找出相关的定理及公式，结合已知条件，寻找解题突破口。

③ 找到解题突破口

我们要从题目的叙述中寻找那些熟悉的知识点作为突破口，进入解题环节。遇到困难时，积极思考，从不同方向寻求解题思路，掌握思考的主动权。

④ 复盘总结解题思维规律

当习题解开以后，要做一次复盘总结，总结出思维规律，提升自己的思维水平，让自己越来越善于思考数学难题。

成长问答 >> 让别人帮助解题可以吗?

想学好数学,一定不要依赖别人帮助自己找答案,而要学着去寻找解题思路,这样自己才能掌握思考方法。具体步骤是:第一步,上课时认真听讲,紧跟老师的解题思路,弄明白应该怎样思考;第二步,掌握住这次课讲的数学原理,弄懂了原理,才可以学以致用;第三步,学会审题,弄明白题中给出的条件,以及这道题想考查哪个知识点;第四步,按照老师的解题思路一步步往下解题;第五步,得到答案后,要总结思维规律,以后再遇到类似题时就能很快知道解题思路。

想一想,写下来

自己在解题过程中,遇到难题时,是怎样解决的?

把要记忆的内容编成思维导图

　　我记忆的法宝，是把每天学习的主要内容画成思维导图，围绕知识点记忆。因为我们每天要学很多知识，很散乱，不好记忆。而且即使花很多时间，可能也记不住那么多。于是我把当天学的知识点进行分类，一类知识点画成一幅思维导图，就很生动形象，很容易记住。节省下来的时间学习别的，时间利用率很高。

　　这是一个很讨巧的学习方法。就是把每天学到的知识点分类绘制成思维导图，把要点标记在思维导图里，这些知识点就构成了一幅幅图画，既生动形象，又条理清晰，很容易记忆。这个方法既节省学习时间，又提高学习效率，值得大家去尝试。

每天上完课要记那么多内容，记不住。

有什么好方法帮助我记忆呢？

能不能把知识量"减肥"呢？

　　绘制思维导图是给学习内容"减肥"的好办法。把知识点绘成思维导图，提纲挈领，就能够比较容易掌握住当天学习的内容了。

我会这样想

　　每天学习的知识量很大，把知识点整理出来，记忆起来就容易多了。

　　把知识点整理成思维导图，就像一幅图画一样生动形象，容易记忆。

　　思维导图是一种给知识"减肥"的简便方法，谁都可以用这种方法学习。

时间管理能力训练 >> 如何绘制思维导图？

① 先确定关键词

准备一张白纸，在白纸中间写出关键词，或者主题，并用彩笔圈起来，构成整个思维导图的核心。

② 从中心向外发散

思维导图就像是一棵大树，从中心向外派生出分支，分支可以再派生出分支，在每个分支上标出知识点。可以根据需要派生出三级或者四级分支，标出彼此的关系。

③ 可以用彩色笔画出不同分支

为了便于识别和记忆，不同的分支可以用不同的颜色绘制。分支的线条可以绘制得优美一些，像一幅画，这样看起来更令人喜欢。

④ 标出所有知识点

思维导图画好后，就可以把相应的知识点标注在上面，使自己看起来一目了然。可以随时增加新的知识点，只要自己能看明白就行。

成长问答 >> 思维导图对学习有什么帮助?

我们每天学到的知识很多,不便于记忆。为了节省记忆时间,提高学习效率,绘制思维导图是一种不错的方法。

比如,可以把一篇课文中新学的英语单词绘成思维导图,每个单词都代表一个知识点。一般来说,一个主题的内容可以绘制到一张思维导图里,使知识点之间建立起联系,看起来既生动形象,又容易记忆。

绘制思维导图的过程,就是一个对知识进行归纳整理的过程,是一个再学习的过程。通过绘制思维导图,既锻炼自己对知识的归纳整理能力,又加深了记忆,提升了学习效率。

自己制作一份思维导图

围绕一个知识点,试着制作一份思维导图吧。当自己学会了制作思维导图,就学会了整理知识体系,学习起来更轻松哦。

22 用零散的时间学习
零散的知识

　　我平时喜欢用零散的时间记忆零散的知识。每天起床后，我就把录音机打开，边洗漱边听英语。妈妈开车送我上学的路上，我也一路听英语。利用这些零碎时间记忆英语单词，练习英语听力。我这样坚持了一年时间，现在我的英语水平已经有很大提高了。

　　用零散时间记忆零散知识，是一个好方法。我们一天有很多零散时间，如果在记忆力好的时间段记忆零散知识，不仅记忆效果好，而且时间也能得到合理利用，很不错哦！可以试试看，你一定会取得让自己惊喜的成果。

如果你把一天的零碎时间积累起来，可能就有两个小时。如果拿来记忆知识，一年你就比别人大约多出一个月的时间，你就会比别人多学很多知识呢。

我会这样想

1. 早上记忆力超好，我可以把这些时间利用起来记单词，效率高。

2. 早上时间虽短，但是我可以边干事边收听英语，练习听力。

3. 把零散时间利用起来挺好呀。放学后的时间虽很多，但是要优先做作业呢。

在零散时间学习零散内容

我们从一种活动转为另一种活动时，中间会有空白时间，比如早晨上学时间、等车时间、周末外出时间，把这些时间利用起来安排一些零碎的学习，会积少成多，收获到不错的学习效果。

在路上安排零散学习

我们在放学路上、旅行路上，可以记单词，听英语，背古诗，构思作文等。只要自己善于抓住这些时间，这些时间就会给自己带来价值。

压缩娱乐时间安排学习

减少每天放学后看电视、玩游戏的时间，早点儿安排做课外作业。这样，自己的时间就很充裕，可以静下心把作业做好，提升正确率和学习效率。

成长问答 >> 怎样安排自己的零散时间？

我们每天都有很多零散时间被不经意消耗掉了，非常可惜。如果把这些时间利用起来，就能学到很多知识和本领。所以，我们可以培养一个习惯，用这些零散时间学习零散知识。比如，随身带一个小小的单词本，有空的时候背几个单词。或者带一本古诗，有空的时候背诵一首。或者带一个随身听，有空时听听英语。或者自己喜欢某一项技能，在闲暇时间练习练习。只要自己善于利用这些时间，就能想出很多好方法。每一个优秀的孩子，都会想办法充分利用自己的时间。

小贴士 TIPS

你的零散时间是如何安排的呢？

1. 你有没有课前预习的习惯?

2. 你觉得预习对学习帮助大不大?

3. 你喜欢在课堂上把所有问题都弄明白吗?

4. 当你遇到数学难题时,善于寻找解题思路吗?

5. 你会制作思维导图吗? 可以试试看。

6. 你是否善于利用零散时间学习知识?

第五篇

减少时间浪费有方法

在学习过程中，每个人都会遇到各种各样的干扰，打乱自己的计划。我们需要做的，就是排除干扰，把时间掌控在自己手里。

23 调整自己的不良状态

　　我今天参加了年级的演讲比赛，赛前准备得很充分，我觉得自己一定能进前三名。但是结果让我很失望，仅得了第五名。有三位平时都不参加演讲的同学，竟然成为黑马，一下子就胜出了，把我比下去了。为了这次比赛，我准备了很长时间，结果还是输了。回到家里，我躺在沙发上什么也不想干，心情糟透了。

　　我们每一个人都有状态不好的时候。这时，不想学习，不想做事，情绪也不高，整个人懒懒散散的。那不妨就先休息一会儿，睡一觉，让自己放松下来。告诉自己，我已经做得很好了，输赢不重要，以后继续努力就是了。犒劳一下自己，让自己心情好起来。

成长中的烦恼

我觉得很烦，就想躺在沙发里，什么都不干。

我这会儿对学习不感兴趣，不想做作业。

当我心烦时，谁也别理我。

当自己感到状态不好时，可以积极休息，调整心情，用积极情绪来管理这种消极情绪，使自己尽快度过烦恼期。

我会这样想

1. 当我情绪不好时，就积极休息，睡一觉，让自己在休息中恢复元气。

2. 我可以出去找好朋友玩，在玩耍中放松自己。

3. 心情糟糕时，我会听音乐，在音乐中释放心里的压力，让自己开心起来。

用积极情绪管理消极情绪

当自己心情不好时，要主动创造积极情绪，比如，听音乐、找朋友玩、吃美食、想开心的事情，让自己尽快走出消极情绪，高兴起来。

② **转变思维方式**

我们的很多不良情绪都是自己看待问题的思维方式导致的。如果我们能经常站在积极的角度看问题，就会得出积极的结论，自己的情绪就会是积极正面的。

③ **通过运动释放压力**

不开心时，找小伙伴们一起出去玩，在玩耍中，大脑可以释放出很多多巴胺，使自己心情愉快。

④ **睡一觉也是一种好办法**

心烦时，自己难以管理自己的情绪，这时可以躺下来睡一觉，减轻大脑的压力。这样，消极情绪就会消退很多。

成长问答 >> 学会情绪管理有什么方法?

当我们心情不好时,要学会情绪管理。具体方法包括:第一,想想自己为什么不高兴了。如果是别人让自己不高兴,那就想一下,自己是否可以原谅对方。如果是自己的原因,那就主动去解决问题。第二,学会换一个角度看问题。很多情绪都是自己内心产生的,是自己的思维方式造成的,如果换一个角度看问题,就会发现自己很在意的事情,其实没有什么大不了,没必要为这些事情伤心难受。第三,学会自我激励。有时候,自己不开心是因为自己不自信,遇到困难不敢面对。其实,谁都会遇到困难,没有什么呀!要给自己加油,勇敢去面对一切。当自己把困难解决以后,自信心也就出来了。

让自己每天保持好心情

我们每一个人都会因为各种事情而影响心情。当我们心情不好时,不要沉浸在消极情绪中,不要跟着情绪走,要做积极的情绪管理。可以主动去想一些开心的事情,或者做一些感兴趣的事情,让自己心情愉快起来。另外,要相信自己的能力。这种积极的心态能够赋予自己正能量,使自己充满勇气和自信,敢于去面对和克服各种困难。自信会使大脑释放出多巴胺,让自己保持愉快的心情。

24 学会转换注意力

每次刚上课时，我都能做到注意力集中，认真听讲。可是上到一半，就会注意力分散，好像大脑电力不足了一样，听不进老师讲的内容。这时，我会趁课堂讨论时放松自己，做做深呼吸，调整一下坐姿，让大脑快速放松一会儿。这样，我就又能跟上老师的节奏了。

我们的注意力有一个规律，就是间歇性地加强和减弱。一般来说，我们的注意力可持续 20 分钟左右，之后就会减弱。所以，有经验的老师会安排不同的形式组织教学。比如讲 15 分钟之后，就会安排课堂讨论、随堂训练，或者讲个笑话，以避免学生出现听课疲劳。我们要主动跟上老师的节奏，实时转换注意力，用良好的状态继续上课。

我有多动症，无法一堂课一直集中注意力。

我们老师一堂课都在讲，我快崩溃了。

我喜欢生动有趣的课，不容易疲劳。

　　上课感到疲劳时，学会跟着老师的课堂节奏转换注意力，使大脑得到适当放松休息，从而以良好的状态继续上好课。

我会这样想

　　我要掌握住老师的课堂节奏，实时转换注意力，使自己保持精力充沛。

　　我会趁老师板书时转移注意力，向窗外快速看一眼，放松自己。

　　我喜欢老师讲笑话活跃课堂气氛，这样上课就很有精神。

不受自己和家人的不良暗示

如果爸妈常说"我的孩子注意力不集中"，你不要接受这种负面心理暗示。要鼓励自己专注于正在做的事情上。

② **练习在嘈杂的环境中排除干扰**

到一个嘈杂的环境中去看书，把心思沉浸到书的世界里，对周围的一切声响充耳不闻。试试看，你可以做到。

③ **排除内心的干扰**

有时候，环境很安静，可自己的内心很闹腾。这时，要善于管理自己的情绪，做做深呼吸，让全身从内到外放松下来。

④ **有意识训练注意力集中**

注意力集中到正在做的事情上，在大脑里把其他信息屏蔽掉，排除外界干扰，只专心于自己正在做的事。

成长问答 >> 转换注意力有什么好方法?

　　很多同学都有这样的经历,上课上到一半,就开始走神儿。看着好像在听课,实际上脑子早跑到别处去了。教室里的一点儿小动静,都能吸引住自己的注意力。这主要是因为大脑疲劳了,注意力开始减弱了,没法再持续关注老师讲课的内容。那我们就需要学会转换注意力,通过快速调整,使注意力集中起来。

　　转换注意力有什么好方法呢? 方法很多。比如,变换一下坐姿,放松面部表情,做一下快速眼动,让大脑得到快速休息。还可以跟着老师的课堂安排,进行注意力调整。另外,听课时可以看着老师的眼睛,这时老师就会鼓励你回答问题。只要老师一叫你,你的注意力一下子就集中起来了。

运动可以改善注意力状态

　　我们大脑里有一种重要的神经递质,叫多巴胺。它会让我们的大脑保持兴奋状态。如果大脑里多巴胺不足,就会没精神,易疲倦,注意力不集中。我们要想改变这种状况,就需要通过运动提升多巴胺水平。下课时主动出去运动一会儿,放学后也要安排一些运动,这样可以提升自己的注意力。

25 改变慢节奏的生活方式

　　我一直与爷爷奶奶在一起生活，过得很安逸。他们的生活节奏很慢，我也在无形中受到他们的影响。我每天放学后经常是这样的：吃吃水果，看看电视，吃过晚饭玩一会儿，晚上 8 点钟开始做作业，9 点半睡觉，作业做不完就拖到第二天。我妈妈认为我不努力，可是我已经养成了这种生活方式，没有办法。

　　如果养成慢节奏的生活方式，就会缺乏紧迫感，做事情节奏慢，时间利用率低。而且，慢节奏的生活会使大脑习惯安逸，影响思维的敏捷性，对学习没有好处。所以，无论家人的生活节奏怎样，自己还是要有时间的紧迫感，每天放学后早点儿开始做作业，有时间多看看书，主动给自己安排学习任务，使自己每一天能多学到一些知识和本领。

我每天生活得很悠闲。

慢节奏让我学会了安逸。

慢生活使我不爱主动学习。

　　学生处在学知识的年龄，生活得太安逸会使自己没有竞争力。所以，要主动给自己安排学习任务，使自己能够学到更多的知识和本领。

我会这样想

我要有时间紧迫感，利用课余时间多学习知识和本领。	慢生活会消耗很多时间，少学很多本领，我可不能贪图安逸而使自己变成无用的人。	慢生活会使我输在起跑线上，比别的同学少学本领。我可不能再这样生活了。
1	**2**	**3**

时间管理能力训练 >> **如何改变慢生活方式?**

 要给自己定学习计划

我们每天都有学习任务，需要保质保量完成，所以要有时间紧迫感。给自己制订学习计划，每天放学早点儿做作业，空余时间可以钻研难题，看课外书，学习各种本领。

 **利用空余时间阅读**

有空余时间就大量读书。阅读可以丰富自己的知识面，拓展自己思维的广度和深度，使自己更有见识，更有梦想。

 培养竞争意识

改变慢节奏的生活习惯，培养竞争意识。进取心可以提高自己的时间紧迫感，提升自己的自驱力，使自己乐意参与班级竞争。

 **提升自己的行动力**

慢节奏容易使自己习惯于懒散状态。所以，我们要培养自己的行动力，主动给自己安排学习任务，有空就去学习知识和本领。

成长问答 >> 为什么要改变慢节奏的生活习惯?

　　我们长期养成的慢节奏的生活习惯，会使自己在一天的时间内学到的知识和本领比别的同学少，会让自己缺乏竞争力。

　　所以，不论家人的生活节奏多慢，我们自己一定要有时间紧迫感，做好时间规划。每天放学后先做作业，然后阅读课外书，学习某一项技能，发展自己的特长，让自己的时间产生价值。只要我们心里有时间意识，就能驱动自己努力学习知识和技能，提升自己的综合实力，成为班级中的佼佼者。

培养自己的快速反应能力

　　1. 每次开始学习时就提醒自己：我现在要开始学习了，不再想任何与学习无关的事情，也不再关注外界的干扰因素，要集中注意力学习了，只思考学习问题。

　　2. 把周围容易让自己分神的东西都拿走，使自己能迅速进入学习状态。

　　3. 多参加竞赛，提升自己捕捉信息、做出快速反应的思考力和行动力。

　　4. 多参加竞技性体育运动，像篮球、足球、乒乓球、羽毛球等球类活动，能训练自己的快速反应能力。

26 | 离游戏远一些

　　六年级时，我迷上了游戏，上课时，我满脑子想着游戏，放学一回到家就开始玩游戏，晚上做梦都在与游戏中的人物大战。我的学习很快就受到了影响，上课听不进去老师讲课，课后不会做作业。老师找我爸爸妈妈到学校去，我感到很丢人，干脆就不去上学了。爸爸妈妈很生气，可拿我也没有办法，我就每天在家里玩游戏。过了一段时间，我越来越觉得不对劲。我以前可是班里的三好学生呢，现在怎么成了废人了？不能再这样了！我决定彻底戒掉游戏，回到正常的学习、生活中去。

　　这位同学的经历真是令人深思！有不少同学管不住自己，迷上了游戏，上课不在状态，学习退步很大，给自己和家庭造成很大麻烦，甚至导致一些同学没有前途和出路。所以，我们要远离游戏，别让游戏害了自己。

成长中的烦恼

我特别爱玩游戏。

我一玩游戏就停不下来。

我因为玩游戏，学习退步了。

有不少同学因为迷恋游戏，上课不听讲，放学不做作业，把学业荒废了，把自己眼睛玩坏了。我们要以此为戒，离游戏远一些。

我会这样想

① 游戏虽然好玩，但游戏能让自己上瘾，把学习耽误了。

② 我知道游戏里故意设计很多好玩的环节，使大家容易上瘾。可是如果上瘾就很麻烦了。

③ 很多同学就是因为游戏上瘾，没法再上学了，一辈子都没有前途了。我可不能这样。

① 认识到游戏是虚拟世界

　　游戏是人们设计出来的虚拟世界，那里面的人物都不是真实的。玩游戏过多会使自己把虚拟世界的感受带到现实世界，影响自己与人相处。

② 游戏会消耗自己的时间和精力

　　游戏本身的黏性，使不少玩游戏的同学上瘾，沉浸在其中不能自拔，把时间和精力都消耗在游戏里，影响上学和睡觉，荒废学业，累坏眼睛和身体，后果很严重。

③ 培养自己的兴趣爱好

　　走出虚拟世界，培养自己的兴趣爱好，把空余时间用于学习知识和本领，增长自己的才能，使自己成为有才华的孩子。

④ 提升自我管理能力

　　谁善于自我管理，谁就能成为"学神"。我们要从远离游戏开始，把时间用到有意义的事情上，成为一个优秀的孩子。

成长问答 >> 如何利用电脑和手机的学习功能?

我们很多同学都会使用电脑和手机。电脑和手机有很多功能，电脑可以用来学习、画图、收发邮件、查找资料、网上学习，手机可以用来通话、看学习视频、收发邮件、查找资料、微信聊天，这些功能对我们学习会有很大帮助。我们要善于使用这些学习功能，用来学习英语，查找资料，做作业，写作文，与世界上其他国家的小朋友们分享学习成果，了解世界各地的文化和风土人情，使自己见多识广，学很多书本之外的知识和本领。所以，不要把手机和电脑当成游戏机，而应当成学习工具，让自己走进知识的殿堂，成为有用的人才。

小贴士 TIPS　培养广泛的兴趣与特长

很多同学都有不少兴趣爱好，大家可以把自己的兴趣爱好培养成自己的特长，使自己因为这些特长而与众不同。比如，你可以学习篮球、足球、乒乓球、游泳、围棋，也可以学习钢琴、吉他、小提琴、架子鼓、萨克斯，还可以学习唱歌、演讲、辩论、相声、主持，或者学习画画、书法、编程、机器人，等等。只要你喜欢，就可以坚持学习，并发展成自己的特长，使自己因此而受人欢迎。

27

让兴趣引领自己成长

我们很多同学说，自己学习不好，不是因为学不会，而是缺乏学习兴趣。没有兴趣而强迫自己学习，是一件痛苦的事。所以，我们要做的第一步是培养自己的学习兴趣。有了学习兴趣，自己就会主动学习，想学习好就不是事儿了。

兴趣是最好的老师。只要自己能静下心，认真学进去，无论数学或者语文，你都能从中找到兴趣点探究下去。所以，不要告诉自己，我不感兴趣。在说不感兴趣之前，先去尝试，去培养自己的兴趣。只要自己有心，就能在学习中培养出很多兴趣来。

我不喜欢英语，完全听不懂。

我不喜欢数学，各种公式很难理解。

我不喜欢语文，要背诵的内容太多了。

　　兴趣就像天使的翅膀，可以帮助我们翱翔在知识的天空，去探究奇妙的未知世界。

我会这样想

　　英语是一种语言，就像我们学习中文一样，多听多看多说多写，时间长了就会了。

　　数学公式里藏着数学规律，理解了这个公式，就可以解开很多数学难题。

　　语文课本里选择的都是古今中外的优秀文章，把这些文章学会了，就学到了文章的精华。

① 多看多参与，培养广泛兴趣

比如，看"中国诗词大会"节目，就容易对中国诗词感兴趣；看"超级大脑"节目，就容易对数学感兴趣；看脑筋急转弯，就容易对智力游戏感兴趣。所以，只要多看多参与，就能培养出自己的兴趣。

② 在玩耍中培养学习兴趣

我们在玩耍中，可以培养自己的很多兴趣。比如，学习围棋、玩逻辑思维游戏，可以使自己爱上思考。出去郊游，看到风景如画，就会很想把这些描写出来，产生写作的冲动。只要有心，在玩耍中可以培养出很多兴趣来。

③ 把兴趣融入学习中

只要我们带着兴趣学习，就可以把学习搞好。书本中藏着很多乐趣，只要大家带着欣喜的、积极的心态，去探索知识的奥秘，就会发现无穷的乐趣。就像杨振宁教授所说的，数学迷人极了。只要我们带着欣赏的心态，知识也能让人着迷。

成长问答 >>对学习感兴趣，可以变得更优秀吗?

　　日本教育家木村久一说："天才，少不了强烈的兴趣和顽强的入迷。"我们每一个人都要培养学习兴趣，在兴趣引导下去学习知识技能，拓展自己能力的边界，使自己脱颖而出。

　　无论我们现在对学习是否感兴趣，都要尝试让自己对学习感兴趣。因为知识的世界是那样浩渺无穷，如灿烂星河，我们走进去，就能得到学问的滋养，增长自己的见识，使自己的生命因为更有内涵而与众不同。所以，从现在起，爱上学习吧，我们每一个人都会变得更优秀!

说说自己有哪些兴趣爱好

时间管理问卷

1. 当你不开心时，能主动调整自己的状态，继续学习吗？

2. 当你上课注意力不集中时，你会怎么办？

3. 你是否养成了慢节奏的生活习惯？

4. 你在班级里的竞争力强不强？你喜欢参加竞赛吗？

5. 你是否玩手机游戏？你觉得游戏对学习有哪些影响？

6. 你觉得作为一名学生是否应该热爱学习？

第六篇

会管理时间的孩子更优秀

　　我们都是被上天祝福过的孩子，每一个人都肩负着自己的使命。所以，我们要管理好自己的时间，好好学习，不辜负我们的天赋。

28

遵守约定，养成守时的好习惯

　　每次我与朋友约好出去玩，都会提前到。可是我朋友李元新就经常迟到。他总是有很多理由，有时说出发时临时有事了，有时说路上堵车了。我建议他以后提前出发，可是他照样迟到，看来他是习惯迟到了。他什么都好，就是爱迟到这一点让我觉得很遗憾。

　　在朋友交往中，守约是一件很重要的事情。虽然说约定是口头定下来的，但那是用自己的信用做担保的。如果自己迟到了，就是违约了，就是自己不守信用。如果因为特殊情况偶尔迟到了，可以理解，但是如果经常迟到就不好了，会影响自己的信用，让别人不信任自己，以后不愿意与自己玩了。所以，失约是人际交往的大忌。约定的事，一定要守约。

我朋友经常
迟到。

他迟到很浪费
我的时间。

他没有养成守时
的好习惯。

　　约会是双方达成的口头契约，大家都要遵守。如果一方迟到了，就是违反了这个契约，会影响自己的信用。所以，我们从小一定要养成守时的好习惯。

我会这样想

　　我提议他以后把时间计划好，提前出发，这样可以避免耽误大家的时间。

　　他迟到不仅浪费我的时间，他自己在路上赶时间也不安全。迟到对谁都不好。

　　我要让他意识到守时有多重要。如果他老迟到，会影响大家对他的信任。

1　　**2**　　**3**

① 提高守时意识

很多人迟到，主要是心里没有认识到迟到是一件不好的事情，是一种失信的行为。认为不就是晚一点儿嘛，没有什么关系，没有认识到这样做会影响自己的信用。所以首先要改变对守时的认识。

② 提前出发

无论赴任何约会，都要提前计划好时间，提前出发，这样可以防止路上堵车耽误时间。

③ 改变迟到的习惯

任何一个习惯一旦养成，都会对自己产生很大影响。如果自己以前习惯于迟到，就需要从现在开始，改变这个习惯，做到不迟到，提前到。

成长问答 >> 如何做到守时呢?

　　为了养成守时的好习惯，不但要在心里重视约定，还要采取具体的行动。主要包括以下三点：第一，在约定之后，就要把约定记在当天的备忘录中，提醒自己不要忘记。第二，提前做好行程准备，利用闹钟提醒自己。第三，把路上时间预留充足，以免因为路上堵车耽误时间。只要有守时的意识，提前准备，提前出发，就能准时到场。

大家一起来讨论

说说自己对守时这件事的看法。

29 我可以不迟到

我们班里有一个"迟到大王"，上课经常迟到。老师一问他，他总是有各种理由，好像他迟到很有理似的。唉，因为他迟到，我们小组经常被扣分，一直评不上先进小组，真拿他没办法。

不论是什么原因，经常迟到肯定是不可以的。试想一下，你在上课铃响后走进教室，会打断老师讲课，会让其他同学分心，会耽误你自己听课。而且因为你迟到，影响了小组或者班级荣誉，让其他同学跟着你受影响，是不是很不应该？所以，养成不迟到的习惯，是对自己和他人负责。

昨晚没有睡好，今天晚一点儿起床吧。

不就是迟到一次嘛，没关系。

我们班有的同学比我迟到的次数还多呢！

　　迟到会影响自己和别人学习，也打扰老师讲课，更会影响自己在老师和同学们心里的印象，所以，不要做"迟到大王"。

我会这样想

即使没有睡好，也要按时起床，不能因为睡得不够就影响上学。

1

迟到不是一种好行为，我可不能让自己变成爱迟到的孩子。

2

不能与爱迟到的同学比，要与班里不迟到的同学比。

3

时间管理能力训练 >> **如何养成不迟到的习惯？**

① 不给自己找借口

有的同学说，就迟到一次嘛，没有什么关系。这样想是不对的！一个好习惯的养成，要从不给自己找借口开始。早起床，早出门，不迟到。

② 提前收拾好书包

有些同学是早上收拾书包，结果因为找东西而耽误时间，造成上学迟到。如果改为头一天晚上收拾好书包，把上学要带的东西装好，吃完早饭就可以直接背上书包上学了。

③ 养成早睡早起的好习惯

给自己制定作息时间表，每天按时完成作业，该睡觉的时候按时睡觉，早上按时起床，按时出门上学。

④ 培养良好的时间观念

很多同学迟到是因为没有时间观念，没有把自己的时间安排好。只要认识到时间的重要性，早上抓紧时间，就能按时到校，不迟到。

成长问答 >> 每个人都可以做到不迟到吗?

只要善于管理自己的时间,做任何事情之前提前做好准备,提前出发,每个人都可以做到不迟到。之所以很多人会迟到,一是自己不善于管理时间,总想着时间还多着呢,不着急,结果可能因为路上堵车就迟到了。二是自己没有守时的意识,没有认识到迟到的严重性。不论是上学,或者赴约,迟到都是非常不礼貌的,会耽误别人的时间,也会影响自己的信用。所以,重视约定,从行为上约束自己,做任何事情早做准备,就可以做到不迟到。

小贴士
TIPS

七嘴八舌说迟到

说说自己对迟到这件事的认识。

30 今日事，今日毕

从小到大，我一直是个乖孩子。每天放学后先做完作业才看电视。到了六年级，我放学后会先把当天学的知识回顾一下，在脑子里过一遍电影，温故知新，然后才开始做作业。当天的作业一定当天完成，决不拖延，不欠账。我妈妈说我很善于管理时间。

这位同学做得很好。我们每个人每天都是 24 小时，有的同学能管理好自己的时间，每天按照计划安排学习，今日事今日毕；有的同学不能管理好自己的时间，做作业拖拖拉拉，到晚上睡觉前也做不完作业，给自己造成很大压力。谁善于时间管理，把自己的学习计划安排好，谁就能从中受益。

我还没有学会时间管理呢。

我每天都没有办法按时完成作业。

我放学后很不想做作业，只想玩。

　　如果想成为一名优秀的孩子，就要学会管理时间，当天的事情当天完成，今日事今日毕。这样，每一天都能过得很充实。

我会这样想

　　我要学会管理好自己的时间，让自己成为一个优秀的人。

1

　　我要把每天课后的时间分配好，按时完成各项作业。

2

　　学习是我的责任，我得把每天的作业安排好，今日事今日毕。

3

1 放学后早点儿开始做作业

每天放学后可以先玩半个小时，释放一天的压力，然后马上开始做作业。早做完可以干自己喜欢的事情。

2 按照轻重缓急安排自己的事情

把自己每天要做的事情排排序。先做最重要最紧急的事情，这样，每完成一项，就减少一点儿压力，心里也更有成就感。

3 克服拖延的心理惰性

很多同学之所以有拖延症，主要是不想面对作业这件事，只想舒舒服服地休息、玩耍。但是这样会使自己失去竞争力。所以，要克服心理惰性，让自己每天按时完成作业。

4 提升自我学习能力

爱拖延的同学，也可能是遇到学习难题了，自己不会做，就拖延了下来。有难题不用怕，找老师，查资料，只要自己肯下功夫，主动学习，都能解决。而且早解决早轻松。

成长问答 >> 如何做一个不拖延、自律的孩子?

有些同学爱拖延,与几种情况有关。第一种是自己时间观念不强,觉得时间多着呢,晚做一会儿没有关系;第二种是已经养成了拖延的习惯,不好改变;第三种是自己学习中难题太多,有畏难情绪。不论是哪一种情况形成的拖延,都会对自己学习造成影响,必须努力改变。

只要肯对自己负责,每天早点儿开始做作业,遇到难题积极想办法,不解决问题不罢休,有了这种学习的狠劲儿以后,就一定能成为一个不拖延、自律的孩子。

 **每天晚上问自己三个问题**

1. 今天的作业完成了没有?

2. 今天所学的知识都掌握了没有?

3. 明天要学习的内容预习好了没有?

如果有一项没有完成,就主动做出安排,在睡觉前完成。

31 不受意外情况干扰

　　因为新冠肺炎疫情，我们有好长时间不能到学校上课，只能在家里上网课。这很考验我们的时间管理能力。我们班有的同学很会管理自己的时间，学习一直很好。有的同学不会管理自己的时间，闲着没事干，迷上了游戏，把学习都耽误了，特别可惜。疫情结束返校时，大家的学习情况都有了很大变化。

　　当意外情况打乱我们的正常学习、生活时，不能乱了方寸，要按照平时养成的学习习惯来学习。这样，自己的学习就不会受影响，还锻炼了自我时间管理能力，两全其美。

不能正常上学，很影响我的心情。

正好没人管我了，可以放开玩了。

不用每天早起，可以睡懒觉了。

意外情况可能会打乱正常的学习计划，但必须要找到一种适应新情况的学习方法，来抵消意外情况对自己学习造成的干扰。

我会这样想

这种情况谁也改变不了，只能主动适应它，保持平常心，该干什么干什么。

①

这正是锻炼自己时间管理能力的好机会，按照平时的作息时间安排学习就好。

②

虽然是在家里上课，也要像在学校上课一样保持学习状态，不放任自己。

③

固定一个学习环境

学习需要仪式感，所以，当自己开始学习时，就要到书桌前学习，排除让自己分心的因素，使自己快速进入学习状态。

② 提升自控能力

当意外情况打乱正常学习计划时，心里不要放松学习，要重新规划自己的时间，根据实际情况把当天的学习任务按时完成。

③ 锻炼自学能力

老师或者家长不在身边，不是自己放松学习的理由，反而可以利用这些时间学习自己感兴趣的内容，比如说阅读文学名著、科普书等，把自己的时间合理利用起来。

④ 科学分配时间

把学习任务按照重要和不重要排出顺序，合理分配自己的时间，先完成重要任务，再做别的事情，这样就不会耽误学习。

成长问答 >> 怎样做到不给自己找借口?

当生活中发生一些意外的事情，打乱了我们正常的学习计划时，不要着急，也不要放任自己，先做一个临时计划表，按照重要与不重要的原则，把重要的事情列出来，优先做最重要的事情。这样，即使因为时间紧迫导致不重要的事情没有做，也不会影响正常学习。

这就是我们遇到意外情况时的时间管理方法。无论发生了什么情况，打乱了我们正常的学习步骤，都要先制订一个临时计划，把学习的事情安排好。这样，就能一直确保学习不受影响。

反思和总结

反思一下，自己在疫情期间，时间管理得如何？自己学会了哪些时间管理方法？

32 做一个高效的时间管理达人

我哥哥是一位名副其实的学神。他学习非常优秀，一直是我们学校的三好学生，还是学校少先队的大队长。他多才多艺，11 岁就考过了钢琴十级，擅长画画，热爱游泳，喜欢打篮球。他告诉我，上课时，他注意力特别集中，学习效率特别高。玩的时候，他就痛快地玩，想出各种花样去玩。他从来不需要我爸爸妈妈监督。嘿，他就是我的偶像。

这么优秀的孩子，既会玩，又会学，真是一位学神。大家都要像他那样，会玩会学。玩的时候痛快地玩，学的时候集中精力学。玩痛快了，就安下心来好好学习。

我学习的时候总想着玩。

我玩的时候又总惦记着学习。

结果是，我玩不好，学不好，时间都浪费了。

　　我们少年儿童天生就好玩好动，不让玩肯定是不行的，但是只玩不学习肯定也是不行的。玩好学好，才能成为学神。

我会这样想

1
　　我学习的时候要专心学习，心无旁骛，每一分钟都用在学习上。

2
　　我玩的时候就要痛快地玩，用心地玩，把烦恼都抛出去。

3
　　我才不会那么傻呢，整天想着玩，既没玩好也没学好。

时间管理能力训练 >> **既要会玩又要会学**

① 专心地学

　　这个"学"包括四个阶段，预习、上课、作业、复习。每一个阶段都要认真投入，专心致志，获得最好的学习效果，使自己的时间产生最大价值。

② 痛快地玩

　　爱玩是我们的天性。所以，我们玩的时候就痛快地玩，充分释放出我们的天性，玩好，玩尽兴。在玩中发挥自己的想象力和创造力，玩出新意，为学习储备精力。

③ 学与玩相辅相成

　　当自己痛快地玩过一场之后，就要激励自己集中精力学习，提高学习效率，不能磨磨蹭蹭空耗时间。

　　周末做完作业，与家人到郊外去换换环境，让疲劳的大脑和身体彻底放松，尽情休息，为下一周的学习做好准备。

成长问答 >> 每一个人都可以很优秀吗?

　　每一个孩子都是被上天祝福过的孩子，都是肩负着使命来到这个世界上的，我们每一个人也都拥有自己的天赋，只要善于发现自己的天赋，通过努力，把自己的天赋异禀发挥出来，我们每一个人都可以很了不起。所以，别浪费了自己的才能，把自己宝贵的时间消耗在游戏和无意义的玩耍里。

　　学习是一条通往成功的道路，通过学习，使自己开悟，把自己的潜能调动出来，使自己拥有改变世界的本领。

　　利用好自己的时间，在成长的时光里多学本领。谁善于利用时间，谁就可以更早地掌握住技能，谁就能更早地摘取荣誉的桂冠。加油，孩子们，你可以很棒，很优秀!

做一个会学会玩的时间达人

　　"玩"与"学"是一对朋友，我们要通过积极参加各种体育运动，培养协调能力和团队精神；通过学习象棋、围棋、逻辑思维游戏、脑筋急转弯，锻炼逻辑思维能力；通过组织兴趣小组，动手做手工，培养观察力、想象力和创造力。在快乐的玩耍中学习本领，健康成长。既不做只会学习的"书呆子"，也不做只会玩耍的"小魔仙"。

时间管理问卷

1. 你觉得约会迟到是不是失信于人的事情?

2. 你觉得上课迟到有哪些坏处?

3. 你能否每天按时完成作业,今日事今日毕?

4. 当一件意外事情打乱你的学习计划时,你会怎么做?

5. 你是否属于学习效率很高的孩子?

6. 你觉得学会时间管理是否重要?